名师名校名校长

凝聚名师共识
圆达名师关怀
打造名师品牌
培育名师群体

　　　　聂明远影

2017年2月23日，龙岗区邓春苗名校长、杨新梅名师工作室揭牌启动仪式

2017年2月23日，龙岗区杨新梅名师工作室团队跟随龙岗区进修学校
雷斌主任学习制作微课程

2017年12月7日，工作室团队在龙岗区五和小学综合电教室召开扫码微课程专项工作研讨会

2018年1月18日，工作室团队进行扫码微课程开发专项推广活动

2018年5月8日，龙岗区杨新梅名师工作室主持人公开课——《数学王国》

2018年9月28日，杨新梅工作室课题
"基于课程开发推进小学人文数学教育的行动研究"开题

2017年12月26日，工作室研修活动团建剪影

2018年5月8日，工作室研修活动团建剪影

名师名校名校长书系

行走的学习

（上）

杨新梅 — 主编

东北师范大学出版社

长　春

图书在版编目（CIP）数据

行走的学习.上 / 杨新梅主编. — 长春：东北师
范大学出版社，2019.1
ISBN 978-7-5681-5463-5

Ⅰ.①行… Ⅱ.①杨… Ⅲ.①小学数学课－教学参考
资料 Ⅳ.①G624.503

中国版本图书馆CIP数据核字（2019）第023183号

□策划创意：刘 鹏
□责任编辑：李爱华 张 露　□封面设计：姜 龙
□责任校对：刘彦妮 张小娅　□责任印制：张允豪

东北师范大学出版社出版发行
长春净月经济开发区金宝街 118 号（邮政编码：130117）
电话：0431-84568033
网址：http://www.nenup.com
北京言之凿文化发展有限公司设计部制版
廊坊市金朗印刷有限公司印装
廊坊市广阳区廊万路 18 号（邮编：065000）
2022年6月第1版　2022年6月第1次印刷
幅面尺寸：170mm×240mm　印张：9.5 字数：171千

定价：45.00元

编 委 会

主　编：杨新梅

副主编：房　欣　杨　艳　尹金萍

编　委：赵建华　陈晓拉　陈曼菲　梁协群

　　　　　王小倩　林寿进

在"互联网+"教育的时代背景下，平板电脑或手机的广泛使用，让移动学习成为可能。

深圳市龙岗区杨新梅名师工作室团队中的37位教师，以北师大版小学数学12册教材为蓝本（此书为上册合集），精心制作约5分钟至8分钟一集的短视频，一一对应每单元的新课学习及重难点解惑，并以单元为单位，通过共享平台制作成二维码课程。

于学生而言，扫码系列微课程，巧妙的语言阐述，精妙的动态讲解，针对每课或某一知识点的详细讲解，重点突出，难点突破，与课堂讲解相比较有不一样的效果，可重复观看，直至将知识融会贯通。扫码微课程，真正做到哪里不会扫哪里。

于教师而言，借鉴课程讲解，实现翻转课堂不再困难。

于家长而言，通过正确渠道了解教材、教法，使家庭辅导不再外行。

扫码微课程，名师团队强大的信息技术应用素养与课堂教学发生美妙的化学反应，给予每一位有需要的学生、教师和家长的智慧之花。

说明：本书虽以北师大教材为蓝本，由于北师大版、苏教版、人教版等教材均使用同一《数学课程标准》，因此殊途同归，知识内涵上并无差别，于其他版本而言同样适用。

2018年9月

目录

（上册）

（上册）

三年级（上册）

（上册）

五 年 级

（上册）

行走的学习（上）
北师大版小学数学一至六年级上册扫码微课程

（上册）

（上册）

1

第一单元

生活中的数

深圳市龙岗区坂田小学　万芷滢

一、微课标题

第一课：快乐的家园

第二课：玩具

第三课：小猫钓鱼

第四课：文具

二、教材信息

北师大版小学数学一年级上册第一单元。

三、适用群体

小学一年级学生。

四、课程亮点

本课程图文并茂，讲解清晰，简单易懂，操作便捷，能有效帮助学生掌握课程知识。

五、制作信息

1. 制作软件：Camtasia Studio 8.1.2
2. 共享平台：腾讯视频

六、作者简介

万芷滢，大学本科学历，深圳大学数学与应用数学专业毕业，理学学士，龙岗区杨新梅名师工作室学员。于深圳市龙岗区坂田小学任教。2018年7月获得龙岗区第三届手机微课程大赛一等奖。

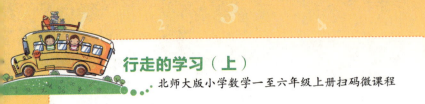
生活中的数

深圳市龙岗区华南师范大学附属龙岗雅宝小学　罗彩虹

一、微课标题

第一课：快乐的午餐

第二课：动物乐园

二、教材信息

北师大版小学数学一年级上册第一单元。

三、适用群体

小学一年级学生。

四、课程亮点

本课程视频讲解清晰，通俗易懂。

五、制作信息

1. 制作软件：小影

2. 共享平台：腾讯视频

六、作者简介

罗彩虹，大学本科学历，数学与应用数学专业毕业，理学学士，中小学数学二级教师，龙岗区杨新梅名师工作室学员。于深圳市龙岗区华南师范大学附属龙岗雅宝小学从事数学教学工作，有两年数学科组长的经验。主要获奖情况：

2016年龙岗区微视频大赛优秀奖。

2017年深圳市第二届手机微课程大赛一等奖。

2017年坂田街道小学数学教师基本功比赛一等奖。

2017年获龙岗区小学生速算比赛"优秀指导教师"称号。

第33届全国青少年科技创新大赛龙岗选拔赛（教师项目）三等奖。

《华附联盟》（第五期）征文比赛三等奖。

2017—2018学年获华南师范大学雅宝小学"优秀教研组长"称号。

2017—2018学年龙岗区小学数学类系列微视频课程"数学统筹"二等奖。

2017—2018学年第二学期获学校教学研究课比赛一等奖。

2017—2018学年第二学期获学校教师基本功"教学设计"比赛一等奖。

第二单元

比 较

深圳大学师范学院附属坂田学校　陈晓玲

一、微课标题

第一课：过生日

第二课：下课啦（一）

第三课：下课啦（二）

第四课：跷跷板（一）

第五课：跷跷板（二）

二、教材信息

北师大版小学数学一年级上册第二单元。

三、适用群体

小学一年级学生。

四、课程亮点

本课程图文并茂，讲解清晰，能有效帮助学生学习比大小、高矮、长短、轻重等，掌握比较的方法，学会简单的推理。

五、制作信息

1. 制作软件：小影
2. 共享平台：腾讯视频

六、作者简介

陈晓玲，大学本科学历，数学与应用数学专业毕业，理学学士，龙岗区杨新梅名师工作室学员。于深圳大学师范学院附属坂田学校从事数学教学工作。

第三单元

加与减（一）

深圳市龙岗区科技城外国语学校　王　倩

一、微课标题

第一课：一共有多少

第二课：还剩下多少

第三课：可爱的小猫

第四课：猜数游戏

第五课：背土豆

二、教材信息

北师大版小学数学一年级上册第三单元。

三、适用群体

小学一年级学生。

四、课程亮点

本课程数形结合，配合操作，生动形象，讲解流畅，指导性强，能有效帮助学生学会简单的加减法运算。

五、制作信息

1. 制作软件：乐秀
2. 共享平台：腾讯视频

六、作者简介

王倩，大学本科学历，数学与应用数学专业毕业，理学学士，龙岗区杨新梅名师工作室学员。于深圳市龙岗区科技城外国语学校从事数学教学工作。能熟练运用会声会影、小影、乐秀等软件制作微课程。

加与减（一）

深圳市龙岗区五和小学　杨　怡

一、微课标题

第一课：跳绳

第二课：可爱的企鹅

第三课：小鸡吃食

第四课：乘车

二、教材信息

北师大版小学数学一年级上册第三单元。

三、适用群体

小学一年级学生。

四、课程亮点

本课程图文并茂，讲解清晰，简单易懂，能有效帮助学生学会10以内加减法的应用。

五、制作信息

1. 制作软件：格式工厂、Camtasia Studio 8
2. 共享平台：腾讯视频

六、作者简介

杨怡，大学本科学历，龙岗区杨新梅名师工作室学员。于深圳市龙岗区五和小学从事数学教学工作，曾辅导学生参加第四届广东省青少年科技七巧板创意制作竞赛并荣获"优秀辅导教师"称号。

加与减（一）

深圳大学师范学院附属坂田学校　陈晓玲

一、微课标题

第一课：做个加法表

第二课：做个减法表

二、教材信息

北师大版小学数学一年级上册第三单元。

三、适用群体

小学一年级学生。

四、课程亮点

本课程图文并茂，讲解清晰，能有效帮助学生学会10以内的加减法，将算式进行有序排列。

五、制作信息

1. 制作软件：小影
2. 共享平台：腾讯视频

六、作者简介

陈晓玲，大学本科学历，数学与应用数学专业毕业，理学学士，龙岗区杨新梅名师工作室学员，于深圳大学师范学院附属坂田学校从事数学教学工作。

第四单元

分 类

深圳市龙岗区华南师范大学附属龙岗雅宝小学　罗彩虹

一、微课标题

第一课：整理房间

第二课：一起来分类（一）

第三课：一起来分类（二）

二、教材信息

北师大版小学数学一年级上册第四单元。

三、适用群体

小学一年级学生。

四、课程亮点

本课程讲解清晰，通俗易懂，能有效帮助学生进行分类整理。

五、制作信息

1. 制作软件：小影
2. 共享平台：腾讯视频

六、作者简介

罗彩虹，大学本科学历，数学与应用数学专业毕业，理学学士，中小学数学二级教师，龙岗区杨新梅名师工作室学员。于深圳市龙岗区华南师范大学附属龙岗雅宝小学从事数学教学工作，有两年数学科组长的经验。主要获奖情况：

2016年龙岗区微视频大赛优秀奖。

2017年深圳市第二届手机微课程大赛一等奖。

2017年坂田街道小学数学教师基本功比赛一等奖。

第33届全国青少年科技创新大赛龙岗选拔赛（教师项目）三等奖。

2017年获龙岗区小学生速算比赛"优秀指导教师"称号。

《华附联盟》（第五期）征文比赛三等奖。

2017—2018学年获华南师范大学雅宝小学"优秀教研组长"称号。

第五单元

位置与顺序

深圳市龙岗区五和小学　杜嘉旭

一、微课标题

第一课：前后

第二课：上下

第三课：左右

第四课：教室

二、教材信息

北师大版小学数学一年级上册第五单元。

三、适用群体

小学一年级学生。

四、课程亮点

本课程图文并茂，讲解清晰，简单易懂，操作便捷，讲解系统、细致，能有效帮助学生梳理知识点。

五、制作信息

1. 制作软件：Premiere CC
2. 共享平台：腾讯视频

六、作者简介

杜嘉旭，大学本科学历，数学与应用数学专业毕业，理学学士，龙岗区杨新梅名师工作室学员。于深圳市龙岗区五和小学从事数学教学工作。

第六单元

认识图形

深圳市龙岗区五和小学　杜嘉旭

一、微课标题

第一课：认识图形

第二课：我说你做

二、教材信息

北师大版小学数学一年级上册第六单元。

三、适用群体

小学一年级学生。

四、课程亮点

本课程图文并茂，讲解清晰，简单易懂，操作便捷。讲解系统、细致，能有效帮助学生梳理知识点。

五、制作信息

1. 制作软件：Premiere CC
2. 共享平台：腾讯视频

六、作者简介

杜嘉旭，大学本科学历，数学与应用数学专业毕业，理学学士，龙岗区杨新梅名师工作室学员。于深圳市龙岗区五和小学从事数学教学工作。能熟练使用After Effects、Premiere CC等软件制作微课程。

第七单元

加与减（二）

深圳市龙岗区科技城外国语学校　魏瑞珠

一、微课标题

第一课：古人计数（十几加几的不进位加法）

第二课：搭积木（十几减几的不退位减法）

第三课：有几瓶牛奶（9加几的计算）

第四课：有几棵树（8加几的计算）

第五课：有几只小鸟（7、6、5加几的计算）

二、教材信息

北师大版小学数学一年级上册第七单元。

三、适用群体

小学一年级学生。

四、课程亮点

本课程主要用计数器和木棒展示了20以内数的计算过程和原理，图文并茂，生动形象，通俗易懂，符合一年级学生的心理和年龄特点。

五、制作信息

1.制作软件：乐秀

2.共享平台：腾讯视频

六、作者简介

魏瑞珠，大学本科学历，数学与应用数学专业毕业，理学学士，龙岗区杨新梅名师工作室学员。于深圳市龙岗区科技城外国语学校任教小学数学。荣获龙岗区教学基本功技能大赛一等奖、龙岗区第二届微课比赛一等奖、学校德育

论文一等奖、青年教师汇报课一等奖、诗歌朗诵二等奖。

　　教育理念：以生为本，给予学生足够的时间和空间探索、质疑和发现。

　　座右铭：做一位幸福的教书人，教出一群幸福的读书人。

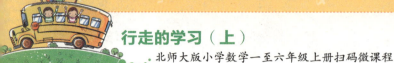
加与减（二）

深圳市龙岗区坂田小学　万芷滢

一、微课标题

第一课：做个加法表

二、教材信息

北师大版小学数学一年级上册第七单元。

三、适用群体

小学一年级学生。

四、课程亮点

本课程图文并茂，讲解清晰，简单易懂，操作便捷，能有效帮助学生掌握课程知识。

五、制作信息

1. 制作软件：Camtasia Studio 8.1.2
2. 共享平台：腾讯视频

六、作者简介

　　万芷滢，大学本科学历，深圳大学数学与应用数学专业毕业，理学学士，龙岗区杨新梅名师工作室学员。于深圳市龙岗区坂田小学任教。

第八单元

认识钟表

深圳市龙岗区五和小学　杨　怡

一、微课标题

第一课：小明的一天（认识钟表）

二、教材信息

北师大版小学数学一年级上册第八单元。

三、适用群体

小学一年级学生。

四、课程亮点

本课程图文并茂，讲解清晰，简单易懂，能有效帮助学生初步了解钟表，

会认整点和半点。

五、制作信息

1. 制作软件：格式工厂、Camtasia Studio 8
2. 共享平台：腾讯视频

六、作者简介

杨怡，大学本科学历，龙岗区杨新梅名师工作室学员。于深圳市龙岗区五和小学从事数学教学工作，曾辅导学生参加第四届广东省青少年科技七巧板创意制作竞赛并荣获"优秀辅导教师"称号。

二年级

（上册）

2

第一单元

加 与 减

深圳市龙岗区可园学校　方婷婷

一、微课标题

第一课：谁的得分高（100以内数的连加运算）

第二课：秋游（100以内数的连减运算）

第三课：100以内数的连加连减运算的复习

第四课：星星合唱队（100以内数的加减混合运算）

第五课：100以内数的加减混合运算的复习

二、教材信息

北师大版小学数学二年级上册第一单元。

三、适用群体

小学二年级学生。

四、课程亮点

本课程图文并茂，讲解清晰，简单易懂，操作便捷，能有效帮助学生了解100以内数的连加、连减、加减混合运算，掌握100以内数的加与减的计算技巧。

五、制作信息

1. 制作软件：乐秀
2. 共享平台：腾讯视频

六、作者简介

方婷婷，大学本科学历，广州大学数学与应用数学专业毕业，理学学士，中小学数学二级教师，龙岗区杨新梅名师工作室学员。于深圳市龙岗区可园学校从事数学教学工作，有两年数学备课组长的经验。2015年10月获得深圳市第二届微课大赛一等奖；2016年获得龙岗区微课大赛一等奖。

第二单元

购　物

深圳市龙岗区五和小学　尹金萍

一、微课标题

第一课：买文具之认识小额人民币

第二课：买文具之付钱

第三课：买衣服之认识大额人民币

第四课：买衣服之付钱

第五课：小小商店

二、教材信息

北师大版小学数学二年级上册第二单元。

三、适用群体

小学二年级学生。

四、课程亮点

本课程图文并茂，讲解清晰，简单易懂，生动有趣，能有效帮助学生认识人民币。

五、制作信息

1. 制作软件：小影
2. 共享平台：腾讯视频
3. 图片来源：网络共享

六、作者简介

尹金萍，研究生学历，中小学数学一级教师，深圳市龙岗区坂田街道优秀教师，龙岗区杨新梅名师工作学员。于深圳市龙岗区五和小学从事数学教学工作。广东省省级课题《动手实践在小学数学课堂教学中应用的研究》主持人，龙

岗区区级课题《动手实践在小学数学课堂教学中应用的研究》主持人，荣获龙岗区快乐暑假作业设计特色奖、龙岗区第二届手机微课程设计一等奖、龙岗区小学生速算比赛"优秀指导教师"称号。

第三单元

数一数与乘法

深圳市龙岗区华南师范大学附属龙岗雅宝小学　钟嘉仪

一、微课标题

第一课：有多少块糖

第二课：儿童乐园

第三课：有多少点子

第四课：动物聚会

第五课：练习二

二、教材信息

北师大版小学数学二年级上册第三单元。

三、适用群体

小学二年级学生。

四、课程亮点

本课程图文并茂，讲解生动有趣，符合二年级学生的性格特点，能够吸引学生的注意力，引发学生思考。能有效帮助学生初步认识乘法，为学生学习乘法奠定基础，感受乘法与生活的密切关系。

五、制作信息

1.制作软件：小影

2.共享平台：腾讯视频

六、作者简介

钟嘉仪，大学本科学历，深圳大学数学与应用数学专业，理学学士，龙岗区杨新梅名师工作室学员。于深圳市华南师范大学附属龙岗雅宝小学从事数学教学工作，对微课程的研发有着极大的兴趣，并且能够将其有效地运用在

日常课堂教学中。

2016—2017学年上学期举办的龙岗区首届手机微课程大赛中，系列微课程《一年级（上）易错点》荣获二等奖。

2016—2017学年下学期举办的龙岗区第二届手机微课程大赛中，系列微课程《一年级（下）易错点》荣获一等奖。

2017年龙岗区第四届微课大赛中，作品《20以内的进位加法》荣获小学组微课二等奖。

第四单元

图形的变化

深圳市龙岗区可园学校　方婷婷

一、微课标题

第一课：折一折，做一做

二、教材信息

北师大版小学数学二年级上册第四单元。

三、适用群体

小学二年级学生。

四、课程亮点

本课程图文并茂，讲解清晰，简单易懂，操作便捷，能有效帮助学生了解图形的变化，掌握图形变化的技巧。

五、制作信息

1. 制作软件：乐秀
2. 共享平台：腾讯视频

六、作者简介

方婷婷，大学本科学历，广州大学数学与应用数学专业毕业，理学学士，中小学数学二级教师，龙岗区杨新梅名师工作室学员。于深圳市龙岗区可园学校从事数学教学工作，有两年数学备课组长的经验。2015年10月获得深圳市第二届微课大赛一等奖，2016年获得龙岗区微课大赛一等奖。

第五单元

2-5的乘法口诀

深圳市龙岗区五和小学　张雪枫

一、微课标题

第一课：数松果（5的乘法口诀）

第二课：做家务（2的乘法口诀）

第三课：需要几个轮子（3的乘法口诀）

第四课：小熊请客（4的乘法口诀）

第五课：课间活动

二、教材信息

北师大版小学数学二年级上册第五单元。

三、适用群体

小学二年级学生。

四、课程亮点

本课程讲解清晰，简明易懂，生动有趣，能有效帮助学生记忆乘法口诀。

五、制作信息

1.制作软件：PPT

2.共享平台：优酷视频

六、作者简介

张雪枫，大学本科学历，深圳大学教育技术学专业毕业，理学学士，中小学数学二级教师，龙岗区杨新梅名师工作室学员。于深圳市龙岗区五和小学从事数学教学工作，教育信息技术应用能力强，擅长制作网页及图片视频美工，能灵活运用PPT、小影、Adobe After Effect、会声会影等软件制作微视频，熟练使用Photoshop、Firework以及各种手机App工具美化照片。

第六单元

测　量

深圳市龙岗区科技城外国语学校　彭炬彬

一、微课标题

第一课：教室有多长

第二课：课桌有多长（一）

第三课：课桌有多长（二）

第四课：1米有多长（一）

第五课：1米有多长（二）

二、教材信息

北师大版小学数学二年级上册第六单元。

三、适用群体

小学二年级学生。

四、课程亮点

本课程图文并茂，讲解清晰，简单易懂，通过操作活动展示让学生了解厘米、米的概念，明白1米=100厘米。

五、制作信息

1.制作软件：小影
2.共享平台：腾讯视频

六、作者简介

彭炬彬，大学本科学历，数学与应用数学专业毕业，理学学士，中小学数学二级教师，龙岗区杨新梅名师工作室学员。于深圳市龙岗区科技城外国语学校从事数学教学工作，有1年数学备课组长的经验。

第七单元

分一分与除法

深圳市龙岗区扬美实验学校　罗甜甜

一、微课标题

第一课：分物游戏

第二课：分苹果

第三课：分糖果

第四课：分香蕉

第五课：小熊开店

二、教材信息

北师大版小学数学二年级上册第七单元。

三、适用群体

小学二年级学生。

四、课程亮点

本课程图文并茂，讲解清晰，简单易懂，通过实际的分物过程能有效帮助学生理解平均分，列出除法算式并理解除法算式的意义。

五、制作信息

1. 制作软件：乐秀
2. 共享平台：腾讯视频

六、作者简介

罗甜甜，大学本科学历，数学与应用数学（师范）专业毕业，理学学士，龙岗区杨新梅名师工作室学员。于深圳市龙岗区扬美实验学校从事数学教学工作。

分一分与除法

深圳市龙岗区扬美实验学校　马敏丹

一、微课标题

第一课：快乐的动物（一）

第二课：快乐的动物（二）

第三课：花园

二、教材信息

北师大版小学数学二年级上册第七单元。

三、适用群体

小学二年级学生。

四、课程亮点

本课程图文并茂，讲解清晰，简单易懂，通过有趣的情节设定帮助学生理解"倍"的意义，并且会列除法算式解决倍数的相关问题。

五、制作信息

1. 制作软件：PPT
2. 共享平台：腾讯视频

六、作者简介

马敏丹，大学本科学历，数学与应用数学（师范）专业毕业，理学学士，龙岗区杨新梅名师工作室学员。于深圳市龙岗区扬美实验学校从事数学教学工作。

第八单元

6-9的乘法口诀

深圳市龙岗区花城小学　蓝伟玲

一、微课标题

第一课：有多少张贴画

第二课：一共有多少天

第三课：买球

第四课：做个乘法表

第五课：易错题目分析

二、教材信息

北师大版小学数学二年级上册第八单元。

三、适用群体

小学二年级学生。

四、课程亮点

本课程图文并茂，讲解清晰，简单易懂，操作便捷，能有效帮助学生学习乘法口诀并运用到生活中，解决生活中的实际问题。

五、制作信息

1. 制作软件：乐秀
2. 共享平台：腾讯视频

六、作者简介

蓝伟玲，大学本科学历，汉语言专业毕业，文学学士，中小学数学一级教师，龙岗区杨新梅名师工作室学员。于深圳市龙岗区花城小学从事数学教学工作。2014年10月命题比赛中获得龙岗区一等奖，2015年7月命题比赛中获得龙岗区二等奖。

第九单元

除　法

深圳市龙岗区扬美实验学校　马敏丹

一、微课标题

第一课：长颈鹿与小鸟
第二课：农家小院

二、教材信息

北师大版小学数学二年级上册第九单元。

三、适用群体

小学二年级学生。

四、课程亮点

本课程图文并茂，讲解清晰，简单易懂，通过有趣的情节设定帮助学生理解"倍"的意义并且会列除法算式解决倍数的相关问题。

五、制作信息

1. 制作软件：PPT
2. 共享平台：腾讯视频

六、作者简介

马敏丹，大学本科学历，数学与应用数学（师范）专业毕业，理学学士，龙岗区杨新梅名师工作室学员。于深圳市龙岗区扬美实验学校从事数学教学工作。

三年级

（上册）

3

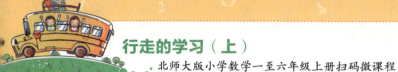
第一单元

混合运算

深圳市龙岗区龙园意境小学　凌奕晖

一、微课标题

第一课：小熊购物（一）

第二课：小熊购物（二）

第三课：买文具（一）

第四课：买文具（二）

第五课：过河

二、教材信息

北师大版小学数学三年级上册第一单元。

三、适用群体

小学三年级学生。

四、课程亮点

本课程图文并茂，讲解清晰，简单易懂，能有效帮助学生了解混合运算法则，掌握混合运算的顺序。

五、制作信息

1. 制作软件：超级录屏
2. 共享平台：腾讯视频

六、作者简介

凌奕晖，大学本科学历，体育教育专业毕业，中小学数学一级教师，龙岗区杨新梅名师工作室学员。深圳市龙岗区龙园意境小学教学处主任，从事小学数学教学工作18年，荣获深圳市小学数学优秀课例奖、龙岗区小学数学教学基本功竞赛一等奖。

第二单元

观察物体

深圳市龙岗区五和小学　杨　艳

一、微课标题

第一课：看一看（一）

第二课：看一看（二）

二、教材信息

北师大版小学数学三年级上册第二单元。

三、适用群体

小学三年级学生。

四、课程亮点

本课程图文并茂，讲解清晰，简单易懂，能有效帮助学生在观察、想象、猜想、验证等活动中，逐步体会从不同位置观察物体所看到的形状可能是不同的、观察一个物体最多看到三个面，并能根据具体的事物、照片、直观图辨认不同角度观察到的简单物体。

五、制作信息

1. 制作软件：PPT
2. 共享平台：腾讯视频

六、作者简介

杨艳，大学本科学历，中小学数学一级教师，深圳市龙岗区杨新梅名师工作室成员。深圳市龙岗区优秀教师，深圳市龙岗区坂田街道优秀教师。于深圳市龙岗区五和小学从事数学教学工作。

从教以来，一直本着"爱的教育"的初衷，用心对待每一名学生。同时潜心钻研教学，不断提高自身的专业素养和教学能力，逐步形成了亲切、有爱的

教学风格，深受学生的喜欢、家长的信任和同行的赞誉。荣获湖南省衡阳市新课程优质课比赛一等奖、深圳市宝安区小学数学说课比赛二等奖、深圳市龙岗区手机微课程大赛一等奖，在与新疆克拉玛依市结对帮扶教学交流活动中，其课程荣获"优质展示课"。

第三单元

加 与 减

深圳市龙岗区布吉中海怡翠学校　钟秀群

一、微课标题

第一课：捐书活动

第二课：运白菜

第三课：节余多少钱

第四课：里程表（一）

第五课：里程表（二）

二、教材信息

北师大版小学数学三年级上册第三单元。

三、适用群体

小学三年级学生。

四、课程亮点

本课程思路清晰，关注知识的生成，能有效帮助学生理解加与减计算的算理，掌握分析、解决问题的方法。

五、制作信息

1.制作软件：小影
2.共享平台：腾讯视频

六、作者简介

钟秀群，大学本科学历，华南师范大学数学与应用数学专业毕业，理学学士，中小学数学一级教师，龙岗区杨新梅名师工作室学员。于深圳市龙岗区布吉中海怡翠学校从事数学教学工作。2017年6月系列微课程"面积"在龙岗区第二届手机微课程大赛中荣获一等奖。

第四单元

乘 与 除

深圳市龙岗区五和小学　杨　艳

一、微课标题

第一课：小树有多少棵

第二课：需要多少钱

第三课：丰收了

第四课：植树

第五课：整理与复习

二、教材信息

北师大版小学数学三年级上册第四单元。

三、适用群体

小学三年级学生。

四、课程亮点

本课程图文并茂，讲解清晰，简单易懂，能有效帮助学生掌握整十、整百、整千数乘（或除）一位数，两位数乘（或除）一位数的口算方法。

五、制作信息

1. 制作软件：PPT
2. 共享平台：腾讯视频

六、作者简介

杨艳，大学本科学历，中小学数学一级教师，深圳市龙岗区杨新梅名师工作室成员。深圳市龙岗区优秀教师，深圳市龙岗区坂田街道优秀教师。于深圳市龙岗区五和小学从事数学教学工作。

从教以来，一直本着"爱的教育"的初衷，用心对待每一名学生。同时潜

心钻研教学，不断提高自身的专业素养和教学能力，逐步形成亲切、有爱的教学风格，深受学生的喜欢、家长的信任和同行的赞誉。荣获湖南省衡阳市新课程优质课比赛一等奖、深圳市宝安区小学数学说课比赛二等奖、深圳市龙岗区手机微课程大赛一等奖，在与新疆克拉玛依市结对帮扶教学交流活动中，其课程荣获"优质展示课"称号。

第五单元

周　长

深圳市龙岗区五和小学　邓金华

一、微课标题

第一课：什么是周长

第二课：多边形周长

第三课：长方形周长

第四课：周长公式的应用

二、教材信息

北师大版小学数学三年级上册第五单元。

三、适用群体

小学三年级学生。

四、课程亮点

本课程图文并茂，讲解清晰，简单易懂，根据课本知识进行讲解，能有效帮助学生更好地理解课本知识。

五、制作信息

1.制作软件：乐秀
2.共享平台：腾讯视频

六、作者简介

邓金华，大学本科学历，数学与应用数学专业毕业，理学学士，龙岗区杨新梅名师工作室学员。于深圳市龙岗区五和小学从事数学教学工作。2017年指导学生参加第四届广东省青少年科技七巧板创意制作竞赛，两组参赛学员均获得一等奖，其中一组的作品同时获得"火柴最佳创意奖"称号，本人荣获"优秀辅导教师"称号。2017年下半年辅导学生参加深圳市速算竞赛获得"优秀指导教师"称号。

第六单元

乘　法

深圳市龙岗区深圳大学师范学院附属坂田小学　梁协群

一、微课标题

第一课：蚂蚁做操

第二课：去游乐园

第三课：乘火车

第四课：$0 \times 5 = ?$

第五课：买矿泉水

二、教材信息

北师大版小学数学三年级上册第六单元。

三、适用群体

小学三年级学生。

四、课程亮点

本课程思路清晰，通俗易懂，能有效帮助学生理解数学与日常生活的联系。

五、制作信息

1. 制作软件：小影
2. 共享平台：腾讯视频

六、作者简介

梁协群，大学本科学历，中小学数学一级教师。于深圳市龙岗区坂田小学担任了两年数学科组长，深圳市龙岗区杨新梅名师工作室成员。龙岗区优秀教师，坂田街道优秀教师，坂田街道优秀班主任。荣获街道说课比赛二等奖、街道教学论文二等奖。2016年10月微课程《两三位数除以一位数的竖式计算》获得龙岗区微视频大赛一等奖。

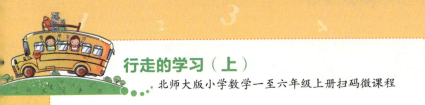

第七单元

年 月 日

深圳市龙岗区五和小学　邓金华

一、微课标题

第一课：看日历（认识大小月）

第二课：看日历（认识平年和闰年）

第三课：一天的时间

第四课：计算经历的时间

二、教材信息

北师大版小学数学三年级上册第七单元。

三、适用群体

小学三年级学生。

四、课程亮点

本课程图文并茂，讲解清晰，简单易懂，根据课本知识进行讲解，能有效帮助学生更好地理解课本知识。

五、制作信息

1. 制作软件：乐秀
2. 共享平台：腾讯视频

六、作者简介

邓金华，大学本科学历，数学与应用数学专业毕业，理学学士，龙岗区杨新梅名师工作室学员。于深圳市龙岗区五和小学从事数学教学工作。2017年指导学生参加第四届广东省青少年科技七巧板创意制作竞赛，两组参赛学员均获得一等奖，其中一组的作品同时获得"火柴最佳创意奖"称号，本人荣获"优秀辅导教师"称号。2017年下半年辅导学生参加深圳市速算竞赛获得"优秀指导教师"称号。

第八单元

认识小数

深圳市龙岗区五和小学　陈曼菲

一、微课标题

第一课：文具店（上）

第二课：文具店（下）

第三课：货比三家

第四课：存零用钱

第五课：寄书

第六课：能通过吗

二、教材信息

北师大版小学数学三年级上册第八单元。

三、适用群体

小学三年级学生。

四、课程亮点

本课程图文并茂，讲解清晰，简单易懂，操作便捷，能有效帮助学生系统掌握小数的相关知识，掌握解决小数有关问题的方法和技巧，轻轻松松在家自学知识点。

五、制作信息

1. 制作软件：小影
2. 共享平台：腾讯视频

六、作者简介

陈曼菲，大学本科学历，数学与应用数学专业毕业，理学学士，中小学数学一级教师。龙岗区杨新梅名师工作室成员。于深圳市龙岗区五和小学从事数学教学工作。自2009年工作以来，多次被评为优秀教师。2016年7月，所带学生

荣获"世界数学邀请赛总决赛"一年级组银奖。2016年至今于深圳大学就读教育管理专业在职研究生。

担任多年班主任工作，坚持"以学生为本，全面发展人"的教育理念，尊重学生，热爱学生，以"班规+情感"为班级管理模式，努力培养学生的自我管理能力，实现学生健康、快乐成长的愿景。

（上册）

4

行走的学习（上）
北师大版小学数学一至六年级上册扫码微课程

第一单元

认识更大的数

深圳大学师范学院附属坂田学校　王小倩

一、微课标题

第一课：认识更大的数

第二课：大数的读法

第三课：大数的写法

第四课：大数的比较

第五课：求一个数的近似数

二、教材信息

北师大版小学数学四年级上册第一单元。

三、适用群体

小学四年级学生。

四、课程亮点

本课程数形结合，具体形象，易于学习，动手操作性强，能有效帮助学生掌握大数的运算技巧。

五、制作信息

1. 制作软件：小影
2. 共享平台：腾讯视频
3. 图片来源：网络共享

六、作者简介

王小倩，大学本科学历，中小学数学一级教师，于深圳大学师范学院附属坂田学校从事数学教学工作。荣获深圳市第一届微课大赛一等奖，所执教的教学录像课《看图找关系》荣获深圳市优秀奖，在龙华新区第一届"卓越课堂"

教学大赛中荣获一等奖，所撰写的论文荣获龙岗区二等奖，在龙岗区小学数学试卷命题比赛中分别荣获一等奖和三等奖，在龙岗区第三届微课大赛中荣获一等奖，在坂田街道小学数学说课比赛中荣获一等奖，微课教学比赛中荣获二等奖，被评为坂田街道优秀班主任。

第二单元

线 与 角

深圳市龙岗区万科城实验学校　肖　菲

一、微课标题

第一课：线的认识

第二课：相交与垂直

第三课：平移与平行

第四课：旋转与角

第五课：角的度量（一）

第六课：角的度量（二）

二、教材信息

北师大版小学数学四年级上册第二单元。

三、适用群体

小学四年级学生。

四、课程亮点

本课程图文并茂，讲解清晰，简单易懂，操作便捷，能有效帮助学生了解线与角的相关知识。

五、制作信息

1. 制作软件：Camtasia Studio 8
2. 共享平台：腾讯视频

六、作者简介

肖菲，大学本科学历，深圳大学本科数学与应用数学专业毕业，理学学士，龙岗区杨新梅名师工作室学员。于深圳市龙岗区万科城实验学校从事小学数学教学工作。

从教以来，本着"甘为人师，慎为人师"的教育观念，关爱每一名学生，

帮助学生养成良好的行为和学习习惯。本着寓教于乐的教育观念，带领学生领略数学的魅力，深受学生的喜欢以及家长的欢迎。同时，潜心教学，多思考，多改善，不断提高自己的教学能力。

第三单元

乘　法

深圳大学师范学院附属坂田学校　杨　华

一、微课标题

第一课：卫星运行的时间（上）

第二课：卫星运行的时间（下）

第三课：有多少名观众

第四课：神奇的计算工具

第五课：有趣的算式

二、教材信息

北师大版小学数学四年级上册第三单元。

三、适用群体

小学四年级学生。

四、课程亮点

本课程图文并茂，讲解清晰，简单易懂，操作便捷，能有效帮助学生了解计算器的使用，掌握三位数乘两位数的竖式计算及估算方法。

五、制作信息

1. 制作软件：小影
2. 共享平台：腾讯视频

六、作者简介

杨华，研究生学历，数学教育专业毕业，硕士学位，龙岗区杨新梅名师工作室学员。于深圳大学师范学院附属坂田学校从事数学教学工作。

第四单元

运 算 律

深圳市龙岗区五和小学　韦小华

一、微课标题

第一课：加法交换律和乘法交换律

第二课：加法结合律

第三课：乘法结合律

第四课：乘法分配律

第五课：运算律整理与复习

二、教材信息

北师大版小学数学四年级上册第四单元。

三、适用群体

小学四年级学生。

四、课程亮点

本课程图文并茂，讲解清晰，简单易懂，操作便捷，能有效帮助学生了解运算律的知识，学会利用运算律进行简便运算。

五、制作信息

1. 制作软件：PPT、Camtasia Studio 8
2. 共享平台：腾讯视频

六、作者简介

韦小华，大学本科学历，数学与应用数学专业毕业，理学学士，龙岗区杨新梅名师工作室学员。于深圳市龙岗区五和小学从事数学教学工作。2017年荣获深圳市龙岗区坂田街道小学数学教师教学基本功竞赛一等奖。

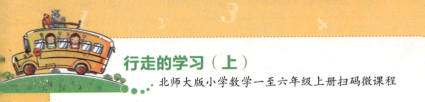
第五单元

确定位置

深圳市龙岗区万科城实验学校　肖　菲

一、微课标题

第一课：去图书馆

第二课：确定位置

二、教材信息

北师大版小学数学四年级上册第五单元。

三、适用群体

小学四年级学生。

四、课程亮点

本课程图文并茂，讲解清晰，简单易懂，操作便捷，能有效帮助学生掌握确定位置的技巧。

五、制作信息

1. 制作软件：Camtasia Studio 8
2. 共享平台：腾讯视频

六、作者简介

肖菲，大学本科学历，深圳大学数学与应用数学专业毕业，理学学士，龙岗区杨新梅名师工作室学员。于深圳市龙岗区万科城实验学校从事小学数学教学工作。

从教以来，本着"甘为人师，慎为人师"的教育观念，关爱每一名学生，帮助学生养成良好的行为和学习习惯。本着寓教于乐的教育观念，带领学生领略数学的魅力，深受学生的喜欢以及家长的欢迎。同时，潜心教学，多思考，多改善，不断提高自己的教学能力。

第六单元

除　法

深圳市龙岗区吉祥小学　罗俊培

一、微课标题

第一课：三位数除以整十数的除法竖式

第二课：三位数除以两位数（商为一位数）的除法竖式

第三课：三位数除以两位数（商为两位数）的除法竖式

第四课：三位数除以两位数除法竖式（调商：初商过大）

第五课：三位数除以两位数除法竖式（调商：初商过小）

二、教材信息

北师大版小学数学四年级上册第六单元。

三、适用群体

小学四年级学生。

四、课程亮点

本课程数形结合，讲解清晰。针对三位数除以两位数的除法竖式的多个知识点进行讲解，能有效帮助学生掌握三位数除以两位数的除法竖式计算方法。

五、制作信息

1. 制作软件：PPT、小影、乐秀
2. 共享平台：腾讯视频

六、作者简介

罗俊培，大学本科学历，数学与应用数学专业毕业，理学学士，中小学数学二级教师，龙岗区杨新梅名师工作室学员，深圳市龙岗区第五批教坛新秀，于深圳市龙岗区吉祥小学从事数学教学工作。具备浓厚的教育科研兴趣和良好的研究能力，其主创的微课程《班级日常管理》获得龙岗区一等奖。

第七单元

生活中的负数

深圳大学师范学院附属坂田学校　吴晓清

一、微课标题

第一课：温度
第二课：正负数
第三课：正负数练习

二、教材信息

北师大版小学数学四年级上册第七单元。

三、适用群体

小学四年级学生。

四、课程亮点

本课程讲解清晰，简单易懂，能有效帮助学生认识正负数。

五、制作信息

1. 制作软件：小影
2. 共享平台：腾讯视频

六、作者简介

吴晓清，大学本科学历，深圳大学数学与应用数学（师范）专业毕业，理学学士，龙岗区杨新梅名师工作室学员。于深圳大学师范学院附属坂田学校从事数学教学工作。

第八单元

可 能 性

深圳大学师范学院附属坂田学校　吴晓清

一、微课标题

第一课：不确定性

第二课：摸球游戏

二、教材信息

北师大版小学数学四年级上册第八单元。

三、适用群体

小学四年级学生。

四、课程亮点

本课程讲解清晰，简单易懂，能有效帮助学生掌握相关课程知识。

五、制作信息

1. 制作软件：小影
2. 共享平台：腾讯视频

六、作者简介

吴晓清，大学本科学历，深圳大学数学与应用数学（师范）专业毕业，理学学士，龙岗区杨新梅名师工作室学员。于深圳大学师范学院附属坂田学校从事数学教学工作。

五年级

（上册）

5

第一单元

小数除法

深圳市龙岗区甘李学校　李贵花

一、微课标题

第一课：精打细算

第二课：打扫卫生

第三课：谁打电话时间长

第四课：人民币的兑换

第五课：除得尽吗

第六课：调查生活中的垃圾

二、教材信息

北师大版小学数学五年级上册第一单元。

三、适用群体

小学五年级学生。

四、课程亮点

本课程全方位地演示与讲解了"精打细算""调查生活中的垃圾"等内容，图文并茂，讲解清晰，简单易懂，能有效帮助学生理解与掌握小数除法的相关知识。

五、制作信息

1. 制作软件：Camtasia Studio 8
2. 共享平台：腾讯视频

六、作者简介

李贵花，大学本科学历，理学学士，中小学数学二级教师，龙岗区第五批教坛新秀，深圳市龙岗区杨新梅名师工作室学员。于深圳市龙岗区甘李学校从事数学教学工作。教育格言是"学生才是学习的主体"。倡导小组合作学习，用小组合作的形式创造高效课堂。现从事一线数学教学与班主任工作。

第二单元

轴对称和平移

深圳市龙岗区水径小学　黄卫华

一、微课标题

第一课：轴对称再认识（一）

第二课：轴对称再认识（二）

第三课：平移

二、教材信息

北师大版小学数学五年级上册第二单元。

三、适用群体

小学五年级学生。

四、课程亮点

本课程图文并茂，讲解清晰，简单易懂，能有效帮助学生认识轴对称、平移。

五、制作信息

1.制作软件：乐秀
2.共享平台：优酷视频

六、作者简介

黄卫华，大学本科学历，中小学数学一级教师，深圳市福田区康黎名师工作室成员，龙岗区舒翠萍微课程工作室成员，龙岗区杨新梅名师工作室成员。于深圳市龙岗区水径小学从事数学教学及数学科组长工作。

近3年先后参与6个区级课题的研究，曾承担1个区级课题的主持人。2016年6月被布吉街道评为优秀教师；2016年10月参加街道小学数学论文比赛获得街道特等奖，同时还获得龙岗区小学数学论文比赛二等奖；两篇小学数学教学论文在《新教育》《教育科研论坛》省级教育刊物上发表。2017年参加龙岗区的微

课比赛分别获得区三等奖和优秀奖；2017年6月被评为龙岗区骨干教师。2018年5月参加龙岗区的微课比赛获一等奖；2018年6月指导学生参加深圳市数算比赛获"优秀指导老师"称号。

　　教育理念：把学数学变成有趣的事，让学生爱学、乐学、会学。

第三单元

倍数与因数

深圳市龙岗区水径小学　黄卫华

一、微课标题

第一课：倍数与因数

第二课：2、5的倍数的特征

第三课：3的倍数的特征

第四课：找因数

第五课：找质数

二、教材信息

北师大版小学数学五年级上册第三单元。

三、适用群体

小学五年级学生。

四、课程亮点

本课程图文并茂，讲解清晰，简单易懂，能有效帮助学生掌握倍数、因数、质数的相关知识。

五、制作信息

1. 制作软件：乐秀
2. 共享平台：优酷视频

六、作者简介

黄卫华，大学本科学历，中小学数学一级教师，深圳市福田区康黎名师工作室成员，龙岗区舒翠萍微课程工作室成员，龙岗区杨新梅名师工作室成员。于深圳市龙岗区水径小学从事数学教学及数学科组长工作。

近3年先后参与6个区级课题的研究，曾承担1个区级课题的主持人。2016年

6月被布吉街道评为优秀教师；2016年10月参加街道小学数学论文比赛获得街道特等奖，同时还获得龙岗区小学数学论文比赛二等奖；两篇小学数学教学论文在《新教育》《教育科研论坛》省级教育刊物上发表。2017年参加龙岗区的微课比赛分别获得区三等奖和优秀奖；2017年6月被评为龙岗区骨干教师。2018年5月参加龙岗区的微课比赛获一等奖；2018年6月指导学生参加深圳市数算比赛获"优秀指导老师"称号。

教育理念：把学数学变成有趣的事，让学生爱学、乐学、会学。

第四单元

多边形的面积

深圳市龙岗区五和小学　陈晓拉

一、微课标题

第一课：比较图形的面积

第二课：认识底和高（一）

第三课：认识底和高（二）

第四课：平行四边形的面积（一）

第五课：平行四边形的面积（二）

第六课：三角形的面积（一）

第七课：三角形的面积（二）

第八课：梯形的面积

二、教材信息

北师大版小学数学五年级上册第四单元。

三、适用群体

小学五年级学生。

四、课程亮点

本课程全方位地演示与讲解了"比较图形的面积""认识底和高""平行四边形的面积""三角形的面积""梯形的面积"等内容，图文并茂，讲解清晰，简单易懂，能有效帮助学生理解与掌握多边形的面积的相关内容。

五、制作信息

1. 制作软件：小影
2. 共享平台：腾讯视频

六、作者简介

　　陈晓拉，研究生学历，硕士学位，中小学数学一级教师。龙岗区第三批教坛新秀，龙岗区优秀班主任。广东省邓春苗教师工作室成员，广东省杨新梅教师工作室成员，深圳市龙岗区杨新梅名师工作室成员。于深圳市龙岗区五和小学从事数学教学工作。省级课题"构建'创客型'小学数学活动教学的研究"、区级课题"小学高段学生常见数学概念错误调查分析及教学改进实验报告"和"构建'和乐益智'小学数学实践活动教学的研究"主持人。论文《寻找适合自己的教育方法》发表在深圳市《特区教育》上。微课程与码课码书作品《三角形的认识》获得深圳市龙岗区微课程大赛一等奖。现从事一线数学教学与年级长工作。

　　教育理念：教是为了不需要教。倡导活动教学，以活动激活课堂，用活动创高效课堂。

第五单元

分数的意义

深圳市龙岗区五和小学 赵建华

一、微课标题

第一课：分数的再认识

第二课：分数与除法

第三课：分数基本性质

第四课：找最大公因数

第五课：约分

第六课：找最小公倍数

第七课：分数的大小

二、教材信息

北师大版小学数学五年级上册第五单元。

三、适用群体

小学五年级学生。

四、课程亮点

本课程知识系统连贯，讲解清晰，易学好懂，能有效帮助学生认识分数及其他相关概念。

五、制作信息

1.制作软件：小影
2.共享平台：腾讯视频

六、作者简介

赵建华，大学本科学历，华中师范大学数学与应用数学专业毕业，理学学

士，北京师范大学在职教育硕士，中小学数学一级教师。龙岗区杨新梅名师工作室成员，荣获"罗湖区教育先进个人""龙岗区优秀教师"称号。先后于深圳市罗湖区东昌小学和深圳市龙岗区五和小学从事一线数学教学工作，有4年数学科组长的经验。所讲课程《用分数表示可能性大小》获得深圳市优秀课例奖，制作的微课程《长方体》系列获得龙岗区微课大赛一等奖，《摸球游戏》获得坂田街道模拟课一等奖。参与并完成国家级课题"基于信息技术构建人文数学课堂的研究"、龙岗区级课题"构建'和乐益智'小学数学实践活动教学的研究"和"动手实践在小学数学课堂教学中应用的研究"。

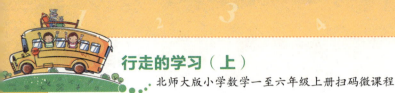

第六单元

组合图形的面积和数学好玩

深圳市龙岗区五园小学　林寿进

一、微课标题

第一课：组合图形的面积

第二课：认识公顷

第三课：认识平方千米

第四课：摆三角形

第五课：点阵中的规律

第六课：鸡兔同笼

二、教材信息

北师大版小学数学五年级上册第六单元及数学好玩。

三、适用群体

小学五年级学生。

四、课程亮点

本课程数形结合，讲解清晰，简单易懂，操作便捷，能有效帮助学生认识并学会计算组合图形的面积，了解有趣的数学知识。

五、制作信息

1. 制作软件：小影
2. 共享平台：腾讯视频

六、作者简介

林寿进，大学本科学历，中小学数学一级教师，深圳市龙岗区五园小学数学教师。龙岗区优秀教师，龙岗区杨新梅名师工作室成员。教学论文《小学数学练习设计的有效性原则》荣获深圳市二等奖，教学论文《小学生掌握空间与图形的有效方法》荣获龙岗区二等奖，在小学三年级命题比赛中获得龙岗区三等奖。

（上册）

6

第一单元

圆

深圳市龙岗区五和小学　陈　杰

一、微课标题

第一课：圆的认识

第二课：直径与半径之间的关系

第三课：圆的对称性

第四课：圆的周长

第五课：半圆的周长

第六课：圆的面积

第七课：圆环的面积

二、教材信息

北师大版小学数学六年级上册数学第一单元。

三、适用群体

小学六年级学生。

四、课程亮点

本课程语言流畅，知识点分类清楚，便于学生很好地理解知识点，图文并茂，利用动画展示知识推导的过程。同时有例题讲解，能有效帮助学生及时巩固所学知识。

五、制作信息

1. 制作软件：乐秀、Adobe Premiere
2. 共享平台：优酷视频

六、作者简介

陈杰，大学本科学历，教育学学士，龙岗区杨新梅名师工作室学员。于深圳市龙岗区五和小学从事数学教学工作。

第二单元

分数混合运算

深圳市龙岗区五和小学　杨新梅

一、微课标题

第一课：分数混合运算（一）（上）

第二课：分数混合运算（一）（下）

第三课：准备课——数量关系复习

第四课：分数混合运算（二）

第五课：分数混合运算（二）练习精选（上）

第六课：分数混合运算（二）练习精选（下）

第七课：乘法分配律的运用

第八课：分数混合运算（三）

二、教材信息

北师大版小学数学六年级上册第二单元。

三、微课内容

教会学生利用画图的方法分析并解决问题，帮助学生掌握分数混合运算的顺序并正确计算，体会乘法分配律在分数混合运算中的运用。

四、课程亮点

本课程讲解全面，分析到位，方法指导，简明易懂，能够有效帮助学生提升运算能力。

五、制作信息

1. 制作软件：会声会影
2. 共享平台：腾讯视频
3. 背景音乐：酷狗音乐

六、作者简介

　　杨新梅，大学本科学历，数学小学高级教师（副高级）。全国优秀教师、特级教师、广东第二师范学院兼职教师，于深圳市龙岗区五和小学从事数学教学工作。任广东省杨新梅教师工作室与深圳市龙岗区杨新梅名师工作室主持人。曾主持课题"运用有效教学理论加强小学数学知识应用的教学的研究"，荣获广东省创新成果三等奖。

　　2014年11月主编出版"广东省杨新梅教师工作室"培训成果《开拓创新三年一剑　追求卓越一路朝前》。2017年12月编著出版全国教育信息技术研究"十二五"规划的2014年度立项课题研究成果《基于信息技术构建人文数学课堂的研究》。

　　教育理念：追求教育共生。

　　教学风格：清畅美乐的人文数学。

第三单元

观察物体

深圳市龙岗区五和小学　杨新梅

一、微课标题

第一课：搭积木比赛

第二课：观察的范围

第三课：天安门广场

二、教材信息

北师大版小学数学六年级上册第三单元。

三、微课内容

结合观察、操作、想象、推理等活动过程，辨认从不同方向（正面、侧

面、上面）观察到的立体图形的形状，使学生会画平面图，能根据三视图确定立体图形的形状，能根据给定的两个方向观察到的平面图形判断搭成立体图形所需正方体的数量。

四、课程亮点

本课程讲解流畅，分析到位，简明易懂，能有效帮助学生发展空间观念。

五、制作信息

1. 制作软件：会声会影
2. 共享平台：腾讯视频
3. 背景音乐：酷狗音乐

六、作者简介

杨新梅，大学本科学历，数学小学高级教师（副高级）。全国优秀教师、特级教师、广东第二师范学院兼职教师，于深圳市龙岗区五和小学从事数学教学工作，现任广东省杨新梅教师工作室与深圳市龙岗区杨新梅名师工作室主持

人。主持课题"运用有效教学理论加强小学数学知识应用的教学的研究"，成果荣获广东省创新成果三等奖。

2014年11月主编出版"广东省杨新梅教师工作室"培训成果《开拓创新三年一剑　追求卓越一路朝前》。2017年12月编著出版全国教育信息技术研究"十二五"规划的2014年度立项课题研究成果《基于信息技术构建人文数学课堂的研究》。

教育理念：追求教育共生。

教学风格：清畅美乐的人文数学。

第四单元

百 分 数

深圳市龙岗区龙园意境小学　王　俊

一、微课标题

第一课：百分数的认识（一）

第二课：百分数的认识（二）

第三课：合格率

第四课：营养含量

第五课：这月我当家

二、教材信息

北师大版小学数学六年级上册第四单元。

三、适用群体

小学六年级学生。

四、课程亮点

本课程图文并茂，讲解清晰，简单易懂，具象呈现，抽象构建，能有效帮助学生认识百分数。

五、制作信息

1. 制作软件：华为手机录屏
2. 共享平台：腾讯视频

六、作者简介

王俊，大学本科学历，深圳市龙岗区杨新梅工作室学员，深圳市实验学校田国生名师工作室学员。于深圳市龙岗区龙园意境小学从事数学教学工作。坚持"教育与研究"结合，努力构建班级读、创、思的育人文化；坚持"教学与研究"结合，努力形成研究型的工作状态；坚持"学、用、创"三位一体的课

程，力争沉淀学科文化。

近三年主持或参与的课题：

2016年主持区级课题"六年级数学作业减负增效策略研究之思维导图法"已结题；2017年参加的市级课题"小学高段学生常见的数学具体概念错误及矫正方法研究"已结题；2017年参加深圳实验学校田国生名师工作室申报的市级课题"小学数学多元化作业设计的研究"的研究。

近三年获得的成果：

2016年2月获得龙岗区"优秀教师"称号；2016年10月获得龙岗区布吉街道小学数学论文一等奖；2017年5月获得龙岗区布吉街道小学数学论文一等奖；2017年6月被评为龙岗区骨干教师；2017年10月编写了《思维导图集校本课程》《小学高段数学具体概念易错题集》；参与编写《小学高段数学概念矫正的教学设计》《小学高段数学具体概念易错题微课程》。

第五单元

数据处理

深圳市龙岗区龙园意境小学　王　俊

一、微课标题

第一课：扇形统计图

第二课：统计图的选择

第三课：身高的情况

第四课：身高的变化

二、教材信息

北师大版小学数学六年级上册第五单元。

三、适用群体

小学六年级学生。

四、课程亮点

本课程图文并茂，讲解清晰，简单易懂，具象呈现，抽象构建，能有效帮助学生进行简单的数据处理。

五、制作信息

1. 制作软件：华为手机录屏
2. 共享平台：腾讯视频

六、作者简介

王俊，大学本科学历，深圳市龙岗区杨新梅工作室学员，深圳市实验学校田国生名师工作室学员。于深圳市龙岗区龙园意境小学从事数学教学工作。坚持"教育与研究"结合，努力构建班级读、创、思的育人文化；坚持"教学与研究"结合，努力形成研究型的工作状态；坚持"学、用、创"三位一体的课

程，力争沉淀学科文化。

近三年主持或参与的课题：

2016年主持区级课题"六年级数学作业减负增效策略研究之思维导图法"已结题；2017年参加的市级课题"小学高段学生常见的数学具体概念错误及矫正方法研究"已结题；2017年参加深圳实验学校田国生名师工作室申报的市级课题"小学数学多元化作业设计的研究"的研究。

近三年获得的成果：

2016年2月获得龙岗区"优秀教师"称号；2016年10月获得龙岗区布吉街道小学数学论文一等奖；2017年5月获得龙岗区布吉街道小学数学论文一等奖；2017年6月被评为龙岗区骨干教师；2017年10月编写了《思维导图集校本课程》《小学高段数学具体概念易错题集》；参与编写《小学高段数学概念矫正的教学设计》《小学高段数学具体概念易错题微课程》。

第六单元

比的认识

深圳市龙岗区五和小学　杨新梅

一、微课标题

第一课：生活中的比（一）

第二课：生活中的比（二）

第三课：生活中的比（三）

第四课：比的化简（一）

第五课：比的化简（二）

第六课：比的化简（三）

第七课：比的应用（一）

第八课：比的应用（二）

二、教材信息

北师大版小学数学六年级上册第六单元。

三、微课内容

结合生活实际，使学生能够理解"比"的定义，清楚"比"的化简方法，并能在实际情况下加以应用。

四、课程亮点

本课程讲解流畅，分析到位，简明易懂，能有效帮助学生进一步深化对比的认识。

五、制作信息

1. 制作软件：会声会影
2. 共享平台：腾讯视频
3. 背景音乐：酷狗音乐

六、作者简介

杨新梅

　　杨新梅，大学本科学历，数学小学高级教师（副高级）。全国优秀教师、特级教师、广东第二师范学院兼职教师，于深圳市龙岗区五和小学从事数学教学工作。广东省杨新梅教师工作室与深圳市龙岗区杨新梅名师工作室主持人。曾主持课题"运用有效教学理论加强小学数学知识应用的教学的研究"，荣获广东省创新成果三等奖。

　　2014年11月主编出版"广东省杨新梅教师工作室"培训成果《开拓创新三年一剑　追求卓越一路朝前》。2017年12月编著出版全国教育信息技术研究"十二五"规划的2014年度立项课题研究成果《基于信息技术构建人文数学课堂的研究》。

　　教育理念：追求教育共生。

　　教学风格：清畅美乐的人文数学。

数学好玩

深圳市龙岗区龙园意境小学　许惠娥

一、微课标题

第一课：反弹高度

第二课：看图找关系（一）——汽车行驶速度

第三课：看图找关系（二）——足球场内的声音

第四课：比赛场次

第五课：联络方式

二、教材信息

北师大版小学数学六年级上册数学好玩。

三、适用群体

小学六年级学生。

四、课程亮点

本课程图文并茂，讲解清晰，简单易懂，能有效帮助六年级学生掌握北师

大版六年级上册数学好玩的五个知识点。

五、制作信息

1.制作软件：小影
2.共享平台：腾讯

六、作者简介

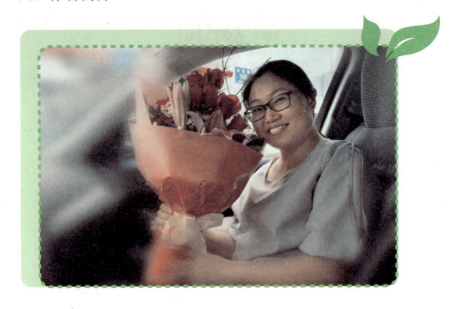

　　许惠娥，大学本科学历，数学与应用数学专业毕业，理学学士，中小学数学一级教师，龙岗区杨新梅名师工作室成员，龙岗区第四批骨干教师，龙岗区教育质量监测中心兼职研修员。于深圳市龙岗区龙园意境小学从事数学教学工作。从事数学教学工作18年，有5年数学科组长和3年年级组长的经验，连续多年担任师徒结对的师傅角色。在2011—2012学年和2012—2013学年连续两年获得盐田区"优秀教师"称号。2015年1月辅导学生参加第十届深圳市中小学智力七巧板比赛获奖；2015年5月获得龙岗区布吉街道办小学数学命题比赛特等奖；2015年11月获得龙岗区小学数学教师技能大赛二等奖。2016年1月获得龙岗区布吉街道小学数学教师技能大赛特等奖；2016年10月获得龙岗区布吉街道小学数学论文一等奖。2017年9月获得龙岗区第二届手机微课程大赛一等奖。

第七单元

百分数的应用

深圳市龙岗区五和小学　房　欣

一、微课标题

第一课：百分数应用题（一）

第二课：百分数应用题（一）——变式题

第三课：百分数应用题（二）

第四课：百分数应用题（三）

第五课：百分数应用题（四）

二、教材信息

北师大版小学数学六年级上册第七单元。

三、适用群体

小学六年级学生。

四、课程亮点

本课程全方位演示与讲解了百分数应用题的4个基本类型，对易错题、易考点进行讲解的同时拓展相关知识点，图文并茂，讲解清晰，简单易懂，能有效地帮助学生理解与掌握百分数应用题。

五、制作信息

1.制作软件：会声会影
2.共享平台：腾讯视频
3.背景音乐：酷狗音乐
4.图片来源：网络共享

六、作者简介

房欣，大学本科学历，中小学数学一级教师，龙岗区杨新梅名师工作室

成员。于深圳市龙岗区五和小学从事数学教学工作。擅长奥数、微视频制作美化，能熟练使用手机小影、喀秋莎、会声会影X9、Adobe After Effects CC等软件制作微课，熟练利用美图、Photoshop等图片工具处理美化照片。微课曾获龙岗区"校本培训之春"微课大赛特等奖，多次获得龙岗区手机微课程大赛一等奖，深圳市三等奖，全国微课三等奖。2016年5月《分数的大小》获得第九届全国中小学创新（互动）课堂教学实践观摩活动三等奖。2017年5月所写相关论文获得坂田街道一等奖、龙岗区三等奖；2017年11月申报的国家级教师课题"巧用微课促进数学教与学方式变革的实践研究"成功立项。

教育理念：追求"以学生的发展为本"，形成"让学和畅"的教学风格。